CATALOGUE

DE BEAUX

OBJETS D'ART

ET D'AMEUBLEMENT

Du Japon et de Chine

Magnifique Salon avec Tentures brodées
Meubles; Sièges; Coussins
Bronzes; Émaux cloisonnés; Porcelaines; Laques
Armes; Étoffes

DONT LA VENTE AURA LIEU

HOTEL DROUOT, SALLE N° 5

Le Mercredi 20 Janvier 1886

A 2 HEURES 1/2

Mᵉ ESCRIBE	M. A. BLOCHE
COMMISSAIRE-PRISEUR	EXPERT
6, rue de Hanovre, 6	23. rue Chauchat, 23

EXPOSITION PUBLIQUE : Le Mardi 19 Janvier 1886
DE 1 HEURE 1/2 A 5 HEURES 1/2.

CONDITIONS DE LA VENTE

Elle sera faite au comptant.

Les acquéreurs payeront *cinq pour cent* en plus des prix d'adjudication.

L'exposition mettant le public à même de se rendre compte de l'état des objets, aucune réclamation ne sera admise une fois l'adjudication prononcée.

Paris. — Imp. de l'Art. E. Ménard et J. Augry
41, rue de la Victoire, 41

VENTE DU MERCREDI 20 JANVIER 1886
HOTEL DROUOT, SALLE N° 5

À 2 HEURES 1/2.

BEAUX OBJETS D'ART

ET D'AMEUBLEMENT

Du Japon et de la Chine

Magnifique salon en broderie
Bronzes; Émaux cloisonnés
Porcelaines; Laques; Armes; Étoffes
Tentures; Meubles

Mᵉ ESCRIBE	**M. A. BLOCHE**
COMMISSAIRE - PRISEUR	EXPERT
6, rue de Hanovre, 6.	23, rue Chauchat, 23.

EXPOSITION PUBLIQUE

LE MARDI 19 JANVIER 1886

de 1 heure et demie à 5 heures et demie.

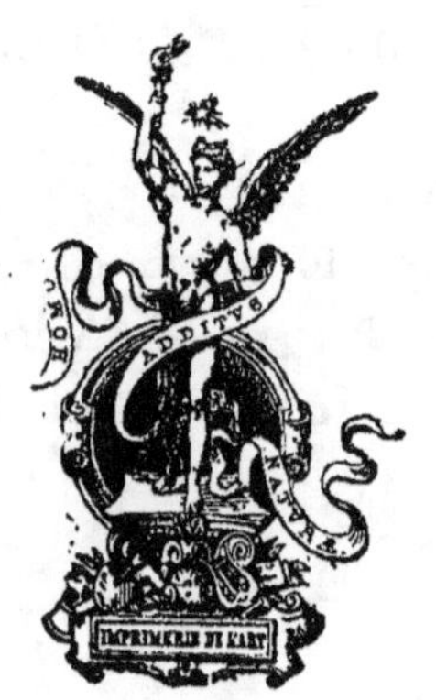
HONOS ADDITVS NATVRÆ
IMPRIMERIE DE L'ART

DÉSIGNATION DES OBJETS

OBJETS D'ART ET D'AMEUBLEMENT

1 — Magnifique tenture de salon de style japonais en broderies métalliques et de soie en haut-relief, d'un effet décoratif et d'un travail remarquables, représentant des aigles, des dragons, des vampires, des vautours, des coqs et des pigeons perchés sur des arbres et sur des tambourins, ou prenant leur vol à travers un paysage. Sur certains panneaux, sont brodés des figures de docteurs et des vases de fleurs, le tout sur fond de satin vert.

Cette tenture se compose de : huit panneaux de murs, la corniche et un superbe plafond dont le sujet principal représente un monstre encadré d'arbres et de fleurs richement brodés sur fond noir.

2 — Décorations d'une croisée, d'une baie et trois portières en même étoffe garnie de passementeries assorties.

3 — Grand divan avec six coussins en même étoffe, couvert de broderies à sujets et objets d'ameublement.

4 — Petit divan avec trois coussins analogues.

5 — Deux fauteuils, forme ottomane, analogues.

6 — Deux poufs dans le même goût.

7 — Deux chaises en bois sculpté rehaussé d'or et de peintures, couvertes en même étoffe et brodées au dragon.

8 — Décoration de cheminée en peluche rouge et satin vert avec sujets et ornements brodés.

9 — Joli chevalet drapé d'étoffe verte et de peluche, garni de passementeries, supporté par un trophée de lances et de sabres japonais.

10 — Écran en bronze chinois, patine jaune, finement repercé et ciselé, avec panneau en broderie, représentant un coq sur un tonnelet.

11 — Guéridon en bronze noirci et frotté exécuté dans le style chinois, avec dessus en marbre griotte.

12 — Très belle garniture en bronze finement gravé, ciselé et frotté, patine mordorée, composée d'une grande vasque et deux torchères à neuf lumières.

13 — Deux beaux chenets formés d'oiseaux tenant des poissons dans leurs becs, bronze frotté, patine rouge.

14 — Pelle et pincette analogues.

15 — Grand ibis en bronze ancien du Japon, tenant dans son bec un bouquet à cinq lumières en bronze doré, exécuté dans le style japonais.

16 — Tabacoban en bronze du Japon.

17 — Deux patères forme dragons, en bronze.

18 à 22 — Dix-sept pièces : lances, sabres, casse-
tête et autres armes.

23 — Très belle tenture en satin havane richement brodée d'or et de soie de couleur à per-
sonnages, fleurs et ornements.

24-25 — Deux grands et beaux brûle-parfums
en émail cloisonné de Chine, fond bleu,
décor en couleur, panses de, forme sphé-
rique, pieds et boutons de couvercles dorés.

26-27 — Deux chimères en émail cloisonné de
Chine.

28 — Deux vases en émail cloisonné de Chine,
fond bleu, décor aux dragons.

29 — Deux vases à longs cols évasés en émail
cloisonné du Japon.

30 — Deux vases en porcelaine de Chine laqués noir et burgautés.

31 — Table à écrire en laque frottée, décor érable. Travail japonais.

32 — Table japonaise en laque, décor : Grues au-dessus de la mer.

33 — Tabouret laqué, fond marron, à branches fleuries.

34 — Grand bol en porcelaine, décor bleu sur blanc.

35 — Coq sur baril élevé sur pied, en porcelaine du Japon.

36 — Paire de vases en porcelaine, décorés de branches et d'émaux sur fond céladonné.

37 — Petit meuble-étagère s'ouvrant à deux portes, décoré d'appliques à oiseaux et fleurs en nacre et ivoire rehaussée de laque sur les côtés.

38 — Deux vases en poterie émaillée du Japon, décor à oiseaux en relief sur fond bleu.

39 — Écran en bois sculpté, avec panneau en satin brodé.

40 — Grande jardinière ovale en grès émaillé du Japon, décorée de poissons en relief.

41 — Jardinière, décor à pâquerettes sur fond blanc.

42 — Deux coussins en drap violet, brodé d'arabesques d'or.

43 — Deux coussins en drap noir, brodé d'arabesques d'or.

44 — Deux coussins en drap ponceau.

45 — Grand panneau de l'Inde, en drap noir brodé de soie et d'or.

46 — Petit carré. Même travail.

47 — Petit carré analogue.

48 — Panneau en drap ponceau, brodé de soie.

49 — Petit panneau en drap noir brodé.

50 — Groupe en bois sculpté et peint : Cavalier foulant aux pieds un vieillard.

51 — Groupe en bois sculpté polychrome : Jeune homme terrassant un vieillard.

52 — Statuette en bois sculpté polychrome : Chasseur.

53 — Statuette de bûcheron en bois sculpté et peint.

54 — Boudha en bois sculpté et doré.

55 — Grand brûle-parfums en bronze, avec couvercle surmonté d'un aigle.

56 — Deux vases en bronze, formés de crapauds tenant une lanterne.

57 — Garniture de cheminée en bronze du Japon : pendule et candélabres.

58 — Grande jardinière en cloisonné de Chine, monture bronze.

59 — Guéridon en cloisonné du Japon, monture en bronze.

60 — Pagode en vieux Japon.

61 — Jardinière ronde, en métal laqué d'or.

62 — Touksa, satin noir, offrant deux cavaliers.

63 — Touksa en soie ponceau, à attributs.

64 — Touksa de damas bleu, à écrevisses.

65 — Touksa en satin brun, offrant deux faucons.

66 — Touksa en soie blanche, offrant une dame
et un page.

67 — Touksa en satin bleu, offrant des branches
de pin.

68 — Touksa en soie ponceau.

69 — Jolie théière en jade finement sculpté et
évidé. Travail chinois.

70 — Deux petites jardinières en porcelaine de
Chine fond rose.

71 — Petit magot en cristal de roche fumé. Travail chinois.

72 — Cinq petites tasses en ancienne porcelaine
de Chine fond d'or à fleurs.

73 — Beau brûle-parfums en bronze finement

ciselé, formé de têtes d'éléphants richement harnachées.

74 — Beau plat en ancienne porcelaine de Chine, famille rose.

75 — Objets non catalogués.

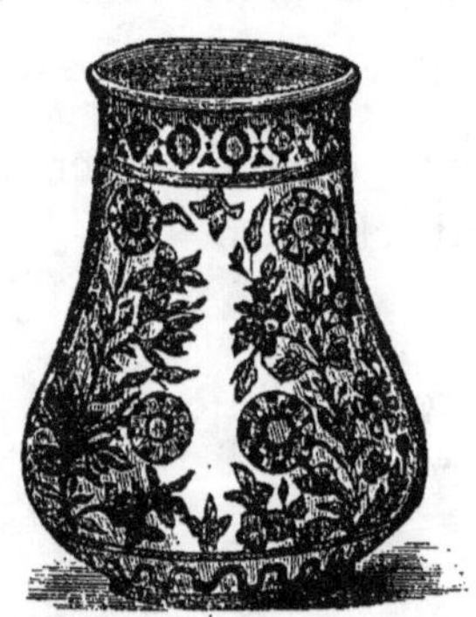